Annie Besant

Die Lehre des Herzens

Gedanken über den Pfad der Liebe

Annie Besant

DIE LEHRE DES HERZENS

Gedanken über
den Pfad der Liebe

Auszüge aus Briefen
indischer Geistesschüler

Übersetzt aus dem Englischen
von Dr. Norbert Lauppert

---

1. Auflage 2022
Die englische Originalausgabe diese Buches erschien
erstmals im Jahre 1889. Der Übersetzung wurde die im
Jahre 1947 im Theosophical Publishing House, Adyar,
herausgegebene sechste Auflage zugrunde gelegt.

© Aquamarin Verlag • Voglherd 1 • D-85567 Grafing

Layout: Annette Wagner
ISBN 978-3-89427-908-0
Druck: CPI • Birkach

Lerne, das Falsche vom Wahren, das ständig Fließende vom ewig Dauernden zu unterscheiden. Vor allem aber lerne, äußeres Wissen von Seelenweisheit, die Lehre des Auges von der Lehre des Herzens zu trennen.

Die Stimme der Stille

VORWORT

Unter dem Titel »Die Lehre des Herzens« werden in diesem Büchlein eine Reihe von Betrachtungen veröffentlicht, die hauptsächlich Briefen indischer Freunde entnommen wurden. Sie haben keinerlei autoritativen Charakter, aber sie enthalten Gedanken, die für die Empfänger hilfreich waren und darum an andere weitergegeben werden sollten. Sie sind nur für solche Menschen bestimmt, die entschlossen versuchen, das höhere Leben zu leben, und sie richten sich besonders an jene, die wissen, dass dieses Leben zum Eintritt auf einen Pfad der Jüngerschaft führt, unter der Leitung von großen Seelen, die ihn in der Vergangenheit gegangen, aber dennoch auf Erden geblieben sind, um anderen zu helfen, ihn ihrerseits zu beschreiben. Die in diesen Briefen ausgedrückten Gedanken gehören keiner bestimmten Religion an, ihre Formulierung aber und der in ihnen gezeigte Gefühlsausdruck sind indisch. Es ist eine Hingebung von jener edlen und intensiven Art, die im Osten unter der Bezeichnung *Bhakti* bekannt ist – eine Hingebung, die sich ganz und vorbehaltlos Gott und jener gottmenschlichen Gestalt darbringt, durch die sich

Gott dem Hingebungsvollen im Fleische offenbart. Dieses Bhakti hat nirgends vollkommeneren Ausdruck gefunden als im Hinduismus, und die Verfasser dieser Briefe sind Hindus, die den überströmenden Reichtum des Sanskrit gewohnt sind und die den herberen Klang der europäischen Sprachen in eine wenigstens annähernde Harmonie mit der poetischen Lieblichkeit ihrer Muttersprache zu bringen versuchen. Entgegen der Kühle und emotionellen Zurückhaltung mancher europäischer Völker, insbesondere der Engländer, quillt das religiöse Empfinden aus dem östlichen Herzen so natürlich empor wie der Gesang einer Lerche. Hier und da finden wir auch im Westen echte Bhaktas, wie z.B. Thomas von Kempen, die heilige Therese, Johannes vom Kreuz, Franziskus von Assisi und die heilige Elisabeth von Ungarn. Aber meistens neigt das religiöse Empfinden im Westen, auch wo es tief und echt ist, mehr zum Schweigen und trachtet danach, sich zu verbergen. Für derartige Menschen, die davor zurückscheuen, religiöse Gefühle auszudrücken, werden diese Briefe nicht hilfreich sein – und für sie sind sie nicht geschrieben.

Wenden wir uns nun der Betrachtung eines der bemerkenswertesten Ge-

gensätze im höheren Leben zu. Wir sind alle mit der Tatsache vertraut, dass die esoterische Lehre an uns Forderungen von einer Art stellt, die sowohl eine gewisse Isolierung als auch eine strenge Selbstdisziplin notwendig machen. Sowohl von unserer geliebten und verehrten Lehrerin Helena Petrovna Blavatsky als auch aus den uralten Überlieferungen haben wir erfahren, dass Entsagung und strenge Selbstbeherrschung von demjenigen verlangt werden, der durch das Tor des Tempels zu schreiten wünscht. Die Bhagavad Gita betont immer wieder die Lehre von der Gleichgültigkeit gegenüber Schmerz und Freude, die Lehre von jenem vollkommenen Gleichmut in allen Situationen, ohne den kein echter Yoga möglich ist. Es ist dies eine Seite des esoterischen Lebens, die zumindest grundsätzlich allgemein anerkannt wird, und so mancher folgt ihr auch im praktischen Leben und strebt danach, sich ihr entsprechend umzuformen.

Mit der anderen Seite des esoterischen Lebens befasst sich die »Stimme der Stille«*. Diese zweite Seite umfasst Mitgefühl für alle fühlenden Wesen und eine wache Aufmerksamkeit für alle menschlichen Nöte. Dieses Mit-

---

* Helena Petrovna Blavatsky, »Die Stimme der Stille«, in deutscher Übersetzung erschienen im Aquamarin Verlag, Grafing 2001

gefühl hat in jenen Großen, denen wir dienen, vollkommensten Ausdruck gefunden und ihnen den Namen »Meister des Mitleids« gebracht. Auf dieses Mitgefühl in seiner Anwendung im Alltag wollen die folgenden Briefe unsere Gedanken lenken, denn dies ist etwas, was wir in unserem praktischen Leben am leichtesten übersehen, so sehr unser Herz auch von der Schönheit seines vollkommenen Ausdruckes in den Großen ergriffen sein mag. Der echte Esoteriker muss, während er sich selbst der strengste Richter und härteste Kritiker ist, für alle Menschen in seiner Umgebung der mitfühlendste Freund und gütigste Helfer sein. Solches Mitgefühl und solche Güte zu erlangen, muss daher das Ziel eines jeden von uns sein. Dies kann aber nur erlangt werden durch ständige Betätigung von Güte und Mitgefühl gegenüber allen, die um uns sind, ohne Ausnahme. Jeder, der ein Esoteriker werden möchte, muss in seinem Heim und in seinem besonderen Lebenskreis der Mensch sein, an den sich andere am ehesten wenden, wenn sie in Leid oder Sorge, aber auch, wenn sie in Sünde sind, weil sie bei ihm sicher sein können, dass er mit ihnen Mitgefühl haben und ihnen helfen wird. Und auch die am wenigsten anziehenden, törichsten, ja abstoßendsten Menschen sollten fühlen, dass sie wenigstens in ihm einen Freund haben. Jedes geringste Sehnen nach einem edleren Leben, jeder aufkeimende Wunsch nach selbstlosem Dienst, jeder noch halb geformte gute Vorsatz sollte in ihm einen Helfer finden, der bereit ist, jenen zu ermutigen und zu stärken, sodass jeder Keim des Guten unter der wärmenden und inspirierenden Gegenwart seiner liebenden Natur zu wachsen beginnen kann.

Solche Kraft zu dienen, wird durch Selbstschulung im täglichen Leben erworben. Der erste Schritt ist zu erkennen, dass das wahre SELBST aller eines ist. Dann werden wir bei jedem Menschen, mit dem wir in Berührung kommen, alles ignorieren, was an seiner äußeren Umhüllung unliebenswürdig ist, und jenes wahre SELBST in ihm erkennen, das in seinem Herzen weilt. Der nächste Schritt besteht darin, dass wir uns darüber klar werden – und zwar nicht bloß theoretisch, sondern dass wir es wirklich empfinden – wie dieses eine SELBST danach strebt, sich durch die Umhüllungen, die es hemmen, auszudrücken, und auch, wie es durch diese Hüllen, die es umgeben, für unser Auge verzerrt wird. Dann folgt der dritte Schritt, dass wir uns mit diesem

SELBST identifizieren – denn wir sind es wirklich in unserem eigentlichsten Wesen – und dass wir es in seinem Kampf gegen die niederen Elemente, die seinen Ausdruck hemmen, unterstützen. Und da wir unseren Bruder nur durch unsere eigene niedrigere Natur erreichen können, ist der einzig wirksame Weg, ihm zu helfen, die Dinge so zu sehen, wie dieser Bruder sie sieht, mit all seinen Begrenzungen und Vorurteilen und mit seiner verzerrten Schau; und dass wir dann, wenn wir sie so gesehen haben und so von ihnen beeindruckt worden sind, ihm auf seine Weise helfen und nicht auf unsere, denn nur auf solche Weise kann wirkliche Hilfe gegeben werden. Hier nun kommt uns die geistige Schulung zugute: Wir lernen in ihr, uns von unserer niederen Natur zurückzuziehen, sie zu studieren und ihre Gefühle zu empfinden, ohne von ihnen beeinflusst zu werden –, während wir so emotionelle Erfahrungen sammeln, fällen wir intellektuell über sie ein Urteil.

Diese Methode müssen wir auch anwenden, um unserem Bruder zu helfen. Während wir fühlen, wie er fühlt, da die gleich gestimmte Saite in uns seinen Ton erklingen lässt, müssen wir unser losgelöstes Ich benützen, um zu urteilen, zu raten, zu lehren, aber auf solche Weise, dass unser Bruder empfindet, dass es seine eigene bessere Natur ist, die sich durch unsere Lippen äußert.

Wir müssen begierig sein, unser Bestes zu geben; nicht zu behalten, sondern zu geben ist das Leben des Geistes. Aber oft würde unser »Bestes« für ihn, dem wir zu helfen wünschen, nicht anziehend sein, etwa wie hohe Dichtkunst für ein kleines Kind. Dann müssen wir das Beste geben, das er aufzunehmen vermag, und das Übrige behalten, nicht weil wir es ihm missgönnen, sondern weil er es noch nicht benötigt. Auf solche Weise helfen uns, die wir ihnen gegenüber wie Kinder sind, die Meister, und in gleicher

Art müssen wir jenen zu helfen trachten, die – was das Leben des Geistes anbelangt – jünger sind als wir.

Wir dürfen auch nie vergessen, dass der Mensch, der gerade zufällig im Augenblick bei uns ist, der Mensch ist, den uns in diesem Augenblick der Meister anvertraut hat, damit wir ihm dienen. Wenn wir es aus Gedankenlosigkeit, Ungeduld oder Gleichgültigkeit versäumen, ihm zu helfen, dann haben wir bei einer Arbeit unseres Meisters versagt. Wir versäumen oft solch eine unmittelbare Aufgabe, weil wir uns ganz von einer anderen Arbeit in Anspruch nehmen lassen. Es fehlt uns das Verständnis dafür, dass im Augenblick eben gerade dieses unsere Aufgabe wäre – der Menschenseele zu helfen, die da zu uns gesandt worden ist. Es ist darum notwendig, dass wir uns dieser Gefahr bewusst sind. Sie ist besonders schwer erkennbar, weil hier eine Pflicht benutzt wird, um eine andere Pflicht zu verbergen, und die mangelnde Einsicht führt so zu einem Versagen in der Erfüllung unserer Aufgabe. Wir dürfen daher auch niemals an einer besonderen Arbeit haften; wohl sollen wir immer arbeiten, aber die Seele muss dabei frei und hellwach sein, bereit, den leisesten Wink von IHM aufzunehmen, wenn er unseren Dienst braucht, um einem Menschen zu helfen, dem er durch uns helfen will.

Die früher besprochene Strenge gegenüber unserem niederen Ich ist eine Vorbedingung für einen solch hilfreichen Dienst. Denn nur wer sich um seine eigenen Angelegenheiten nicht sorgt, wer für sich selbst gleichgültig gegenüber Freude und Schmerz ist, ist hinreichend frei, um anderen tiefes Mitgefühl schenken zu können. Da er selbst keine Bedürfnisse hat, vermag er alles zu geben. Ohne jede Eigenliebe wird er zur verkörperten Liebe für andere.

In der esoterischen Lehre ist das Buch, dem wir vor allem unsere Aufmerksamkeit schenken müssen, das »Buch des Lebens«. Andere Bücher studieren wir nur um des Lebens willen. Denn wenn wir danach streben, das geistige Leben zu leben, bedeutet jegliches Studium, auch das esoterischer Werke, nur ein Mittel auf dem Wege zur Spiritualität. Was uns zu Füßen unseres Meisters führt, ist unser Leben und nicht unser Wissen, ein geläutertes Herz und nicht ein wohl angefüllter Kopf.

Das Wort »Hingebung« ist der Schlüssel zu allem wahren Fortschritt im spirituellen Leben. Wenn wir unsere Arbeit rein um des Wachstums einer spirituellen Bewegung willen tun, und nicht aus Freude am Erfolg; wenn wir sie als Dienst für den Meister auffassen und nicht unsere eigene Befriedigung darin suchen, können wir weder durch gelegentliche Rückschläge entmutigt werden noch durch die Wolken zeitweiliger Leere und Erstarrung in unserem inneren Leben.

Sobald wir um des Dienstes willen dienen und nicht um der Freude willen, welche der Dienst uns bereitet, haben wir einen deutlichen Schritt nach vorne gemacht.

Denn von da ab beginnen wir, jene Ausgeglichenheit zu erwerben, jenes innere Gleichgewicht, welches uns befähigt, unseren Dienst ebenso zufrieden bei Fehlschlägen wie bei Erfolgen zu leisten, gleichgültig ob es innen dunkel ist oder licht. Sobald es uns gelungen ist, unsere Persönlichkeit so zu beherrschen, dass wir an einer Arbeit für den Meister wirkliche Freude empfinden, auch wenn sie für die niedere Natur schmerzvoll ist, muss dann noch ein weiterer Schritt getan werden. Dieser besteht darin, dass wir selbst dann begeistert und mit ganzer Kraft arbeiten, wenn diese Freude vergeht und alles Licht hinter Wolken verschwindet. Solange es anders ist, besteht die Gefahr, dass der Dienst für die Heiligen in Wirklichkeit einen Dienst für uns selbst bedeutet – wir dienen ihnen für das, was wir von ihnen bekommen, statt um der reinen Liebe willen.

Solange noch diese feinere Form von Selbstsucht besteht, sind wir immer in Gefahr, vom Dienste abzufallen, wenn die Dunkelheit um uns lange währt und wir uns innerlich tot und hoffnungslos fühlen. Aber gerade in einer solchen Nacht des Geistes kann der edelste Dienst getan werden, und die letzten Schlingen des niederen Ichs können zerrissen werden.

Wir legen ein so starkes Gewicht auf Hingebung, weil wir immer wieder finden, dass geistig Strebende durch das

Vorherrschen des persönlichen Ichs in Gefahr kommen und der Fortschritt des Werkes des Meisters dadurch gehemmt wird. Hier steht unser eigentlicher Feind, und hier ist das Schlachtfeld. Sobald der Strebende dies erkennt, sollte er alles willkommen heißen, was im Alltagsleben etwas von seiner Persönlichkeit abschabt, und er sollte allen »unangenehmen Personen« dankbar sein, die ihm auf die Zehen treten, an seinen Empfindlichkeiten zerren und seine Eigenliebe zerknittern. Sie sind seine besten Freunde, seine nützlichsten Helfer, und er sollte ihnen gegenüber nur Dankbarkeit empfinden für die Hilfe, die sie ihm bei der Zerschlagung seines gefährlichsten Feindes gewähren. Wenn wir das Alltagsleben so betrachten, wird es zu einer Schule der Esoterik, und wir beginnen, jenen vollkommenen Gleichmut zu lernen, der auf den höheren Stufen der Jüngerschaft gefordert wird, ehe tieferes Wissen und dadurch größere Macht in unsere Hände gelegt werden kann. Wo diese ruhige Selbstbeherrschung, dieser Gleichmut gegenüber persönlichen Angelegenheiten, diese heitere Hingabe an die Arbeit für andere fehlt, dort gibt es keine wahre geistige Lehre, kein wirkliches spirituelles Leben. Der niedere Psychismus verlangt keine dieser Eigenschaften, er wird daher eifrig von Pseudo-Okkultisten ergriffen, aber die Weiße Bruderschaft verlangt dies von ihren Anwärtern und macht den Erwerb dieser Eigenschaften zur Voraussetzung für die Zulassung eines Schülers in den Vorhof des Tempels. Möge es darum das Ziel jedes Strebenden sein, sich zu schulen, damit er imstande ist zu dienen, und eine strenge Selbstdisziplin zu üben, damit der Meister, »wenn er in sein Herz blickt, keinen Makel darin findet«. Dann wird er ihn an die Hand nehmen und weiter zum Licht führen.

Annie Besant

Die Lehre des Herzens

Unheil hängt über dem Haupt eines Menschen, der sein Vertrauen auf äußere Umstände setzt, statt auf den Frieden des inneren Lebens, der von äußeren Verhältnissen unabhängig ist. Ja, je widriger die Umstände sind, je größer das Opfer ist, welches das Leben durch sie verlangt, desto näher kommen wir dem endgültigen Ziel, auch durch die Art der Prüfungen, die wir zu bestehen haben. Es ist daher töricht, sich zu sehr durch irgendwelche äußere Formen religiösen Lebens anziehen zu lassen;

denn alles, was der Ebene des Stoffes angehört, ist vergänglich und täuschend und muss daher zur Enttäuschung führen. Jeder, den es intensiv zu irgendeiner bestimmten äußeren Lebensform hinzieht, muss früher oder später die verhältnismäßige Bedeutungslosigkeit aller äußeren Dinge erkennen. Und je eher er durch die Erfahrungen hindurchgeht, die vergangenes Karma von ihm fordert, desto besser für ihn. Es ist uns freilich immer unwillkommen, wenn uns plötzlich der Boden unter den Füßen weggerissen wird, aber die Medizin, welche Torheit heilt, ist immer bitter, und sie muss ausgekostet werden, wenn die Krankheit ausgetilgt werden soll. Aber wenn der sanfte Windhauch über die Seele zieht, der von den Lotosfüßen der Großen kommt, werden wir verstehen, dass die schlimmste äußere Umgebung nicht mächtig genug ist, die Musik zu beeinträchtigen, die uns innerlich entzückt.

Wie ein Europäer, der von der esoterischen Philosophie angezogen wird, sich den Großen näher fühlt, wenn er seinen Fuß auf indischen Boden setzt, so empfindet der Inder es, wenn er die Höhen des schneebedeckten Himalaya emporsteigt. Und doch ist das nur eine Täuschung, denn man kommt den

»Herren der Reinheit« nicht durch physische Ortsveränderung näher, sondern nur dadurch, dass man sich selbst reiner und stärker macht, indem man beständig zum Wohle der Welt Leiden auf sich nimmt. Was aber die Unkenntnis der armen, in Täuschung befangenen Welt über unsere verehrten Meister anbelangt, so erinnere ich an die Worte: »Die Verleumdungen und Beschimpfungen der Welt vermögen uns weniger Schaden zuzufügen als das Zischen einer Schlange dem erhabenen Himalaya.«

※ ※ ※

Wenn man zugibt – und jeder, der auch nur etwas von Esoterik versteht, muss dies tun –, dass es Scharen unsichtbarer Wesen gibt, die an den Angelegenheiten der Menschen Anteil nehmen, Elementale und Elementargeister aller Grade, die vielerlei Arten von Täuschungen aushecken und sich in den mannigfaltigsten Verkleidungen maskieren, sowie die Mitglieder der Dunklen Bruderschaft, die ihre Freude daran finden, die Anhänger der wahren Weisheit zum Besten zu halten und irrezuführen –, dann muss man auch anerkennen, dass die Natur in ihrem großen Wohlwollen und in ihrer absoluten Gerechtigkeit den Menschen mit irgendeiner Fähigkeit begabt haben muss, um zwischen den Stimmen dieser Bewohner der Lüfte und den Stimmen der Meister unterscheiden zu können. Ich glaube, es herrscht wohl allgemeine Übereinstimmung darüber, dass Vernunft, Intuition und Gewissen unsere höchsten Fähigkeiten sind, die einzigen Mittel, durch die wir das Wahre vom Falschen, das Gute vom Bösen und das Rechte vom Unrechten zu unterscheiden vermögen. Da dies so ist, folgt daraus, dass nichts, was nicht die Vernunft erhellt und die gewissenhaftesten Forderungen der moralischen Natur zufrieden stellt, jemals als eine

Mitteilung von den Meistern betrachtet werden darf.

Man muss auch dessen eingedenk sein, dass die Meister »Meister der Weisheit und des Mitleids« sind, dass ihre Worte den Verstand erleuchten und weiten, nicht aber verwirren und quälen; sie beunruhigen nicht, sondern sie besänftigen, sie erniedrigen nicht, sondern sie erheben. Sie wenden niemals Methoden an, welche Vernunft und Intuition töten oder lähmen. Was würde das unvermeidbare Ergebnis sein, wenn diese Meister der Liebe und des Lichtes ihren Schülern Mitteilungen aufzwingen wollten, die sowohl der Vernunft als auch dem ethischen Gefühl widersprächen? Blinde Leichtgläubigkeit würde an die Stelle verständigen Glaubens treten, statt geistigen Fortschrittes würde moralische Lähmung die Folge sein, und die Neophyten würden hilflos dastehen, ohne jede Führung, auf Gnade und Ungnade jeder scherzenden Nymphe ausgeliefert oder, schlimmer noch, jedem lasterhaften Schwarzmagier.

Ist dies die Bestimmung der Jüngerschaft? Kann dies der Weg von Liebe und Weisheit sein? Ich denke nicht, dass irgendein vernünftiger Mensch dies eine längere Zeit hindurch glauben könnte, wenn auch für Augenblicke ein Blendwerk ihn täuschen und dazu bringen kann, ausgesprochene Absurditäten als wahr hinzunehmen.

※ ※ ※

Unter den vielen Zweifeln, die den Sinn eines Jüngers befallen und ihn quälen können, befindet sich der Gedanke, ob physische Schwäche den spirituellen Fortschritt zu hemmen vermag. Der Vorgang der Assimilierung spiritueller Nahrung verursacht keine Belastung der physischen Kräfte, und spiritueller Fortschritt kann auch weitergehen, während der Körper leidend ist. Andererseits ist es aber eine große Täuschung, die auf Mangel an Wissen und Ausgewogenheit zurückgeht, anzunehmen, dass etwa eine Folterung und Aushungerung des Körpers diesen für spirituelle Erfahrungen aufnahmefähiger machen könne. Stetiger und wirklicher Fortschritt wird vielmehr dadurch gemacht, dass man stets das tut, was den Absichten der heiligen Meister am besten dient. Wenn die rechte Zeit dafür gekommen ist, dass spirituelle Erfahrungen dem Gehirnbewusstsein eingeprägt werden, wird der Körper dem nicht im Wege stehen können. Die kleinen Schwierigkeiten, welche der Körper zu verursachen vermag, können in einer Sekunde hinweggefegt werden. Es ist eine Täuschung zu glauben, dass irgendeine physische Anstrengung den spirituellen Fortschritt auch nur um einen Schritt vorwärts zu bringen vermag. Der einzige Weg, sich den Meistern zu nähern, ist der, zu tun, was ihre Wünsche am besten fördert – und sobald dies getan ist, braucht nichts anderes mehr getan zu werden.

Es scheint mir, dass eine ganz besondere Schönheit darin liegt, ergeben und geduldig zu sein, freudig den eigenen Willen dem jener Großen unterzuordnen, die weiser sind und uns immer in der rechten Richtung führen. Im Leben des Geistes gibt es nichts Derartiges wie persönliche Wünsche. So möge der Jünger freudig sein eigenes Glück opfern; die Großen werden dann Gelegenheit finden, durch ihn für andere zu wirken. Er mag sich manchmal wie verlassen fühlen, wenn er allein ist, aber er wird seine Führer immer an seiner Seite finden, wenn Arbeit zu tun ist. Perioden der Dunkelheit müssen mit solchen des Lichtes abwechseln, und es ist sicherlich nur gut, wenn diese Dunkelheit zu Zeiten kommt, in denen sie uns allein bedrückt, auch wenn unser persönlicher Schmerz dadurch umso heftiger wird. Die Gegenwart und den Einfluss der Großen zu fühlen, ist sicherlich das höchste Geschenk, das wir uns vorstellen können; aber selbst dies sollten wir bereit sein zu opfern, wenn dadurch, dass wir auf das verzichten, was uns das Höchste und Beste zu sein scheint, das endgültige Wohl der Welt leichter erreicht werden kann.

❋ ❋ ❋

Versuche, dir zu vergegenwärtigen, wie hilfreich Leiden ist, wenn es uns nur besser für die Arbeit geeignet macht. Zweifellos können wir nicht nach Frieden verlangen, wenn der Welt im Kampf geholfen werden muss. Versuche, wenn auch überall um dich herum Dunkelheit zu sein scheint, zu fühlen, dass diese nicht wirklich ist. Wenn die Großen sich von Zeit zu Zeit in eine äußere Maya (Schleier) der Gleichgültigkeit hüllen, so nur, um ihren Segen in noch überströmenderer Fülle auszugießen, sobald die Zeit reif dafür ist. Während die Dunkelheit übermächtig ist, kann durch Worte freilich nicht viel Hilfe gegeben werden, aber der Jünger sollte dennoch versuchen, sein Vertrauen darauf, dass die Großen ihm nahe sind, unerschüttert zu erhalten und zu fühlen, dass das Licht, auch wenn es seinem Verstandesbewusstsein zeitweilig entzogen wurde, doch in seinem Inneren unter ihrer weisen und wohlwollenden Hilfe von Tag zu Tag zunimmt. Sobald der Verstand dann wieder sensitiver wird, erkennt er mit Überraschung und Freude, dass die spirituelle Arbeit weitergegangen ist, ohne dass ihm Einzelheiten davon bewusst wurden. Wir kennen das Gesetz. In der spirituellen Welt folgen Nächte mit größerem oder geringerem Grauen unabwendbar den Tagen des Lichtes; der Weise, der weiß, dass die Dunkelheit die Folge eines natürlichen Gesetzes ist, erregt sich darüber nicht mehr. Wir können sicher sein, dass die Dunkelheit auch ihrerseits wieder weichen wird. Vergiss nie, dass auch hinter dem dichtesten Nebel das Licht, das von den Lotosfüßen der Herren der Erde ausgeht, immerdar leuchtet. Stehe fest und verliere niemals das Vertrauen in sie, dann brauchst du nichts zu fürchten. Prüfungen wirst du und musst du durchmachen, aber du wirst sicher sein, sie zu bestehen. Sobald die Dunkelheit, die wie ein Leichentuch über der Seele hängt, sich lichtet, vermagst du zu erkennen, wie sehr sie in Wirklichkeit ein bloßer Schatten, eine bloße Täuschung war. Und dennoch ist dieses Dunkel, solange es währt, wirklich genug, manche edle Seele zugrunde zu richten, die noch nicht genügend Stärke entwickelt hatte, um standhaft zu bleiben.

※ ※ ※

Spirituelles Leben und spirituelle Liebe erschöpfen sich nicht, während sie sich verschenken. Das Geben fügt nur noch zu ihrer Kraft etwas hinzu und macht sie reicher und stärker. Versuche, so glücklich und zufrieden zu sein, als du vermagst, denn das wirklich spirituelle Leben ist Freude, und das Leid ist nur die Folge unserer Unwissenheit sowie unserer mangelnden klaren Schau. So solltest du dem Gefühl des Traurigseins widerstreben, so stark du kannst. Und wenn du auch nicht ganz verhindern kannst, dass es über dich kommt, so solltest du ihm doch niemals ganz nachgeben. Vergiss nie, dass das innerste Herz des Weltalls Glückseligkeit ist.

※ ※ ※

Verzweiflung sollte im Herzen eines hingebungsvollen Jüngers keinen Raum finden, denn sie schwächt das Vertrauen und die Kraft der Hingabe und baut so den dunklen Mächten eine Arena, in der sie zum Kampf antreten können. Dieses Gefühl ist ein Blendwerk, das von diesen Mächten auf den Jünger geworfen wird, um ihn zu quälen und aus dieser Täuschung, wenn möglich, irgendeinen Vorteil für sich ziehen zu können. Ich habe aus bittersten Erfahrungen gelernt, dass in Prüfungen dieser Art Selbstvertrauen von wenig Nutzen ist und sogar trügerisch wirken kann. Der einzige Weg, um unversehrt aus solchen Täuschungen hervorzugehen, ist, sich voll und ganz den Großen zu weihen. Der Grund hierfür ist klar genug. Eine Gegenkraft, die wirksam sein soll, muss derselben Ebene angehören wie die Kraft, der sie entgegenwirken soll. Da nun diese Schwierigkeiten und Täuschungen nicht aus dem eigenen Ich kommen, ist dieses Ich gegen sie machtlos. Da sie von den dunklen Mächten ausgehen, können sie nur von der Weißen Bruderschaft unwirksam gemacht werden. Darum ist es zu unserer Sicherheit nötig, dass wir uns – unser getrenntes Ich – gänzlich aufgeben und dadurch von allem *Ahamkara** befreit werden.

※ ※ ※

Da wir wissen, dass die Theosophische Gesellschaft – und was dies anbelangt auch jede andere Bewegung von geistiger Bedeutung – unter dem Schutz und der Aufsicht von weitaus weiseren und

---

* *Ahamkara* - die das gesonderte Ich schaffende Kraft.

höheren Mächten steht, als wir kleinen Menschen es sind, brauchen wir uns nicht um das künftige Schicksal dieser Gesellschaft zu sorgen – wir können uns zufrieden geben, verantwortungsbewusst und eifrig unsere Pflicht zu tun und jene Aufgaben zu übernehmen, die uns nach unserer besten Einsicht und Eignung zufallen. Das Sorgen um die Zukunft hat allerdings zweifellos seinen besonderen Zweck im Haushalt der Natur. Beim gewöhnlichen Menschen setzt es das Gehirn in Tätigkeit und die Muskeln in Bewegung, und ohne dieses Sorgen würde die Welt sowohl auf physischem als auch auf intellektuellem Gebiet kaum halb so viel Fortschritte machen. Aber auf einer bestimmten Stufe der menschlichen Entwicklung treten Pflichtgefühl und Liebe zur Wahrheit an seine Stelle, und die Klarheit des Blickes und der Antrieb zur Tätigkeit, die dadurch erlangt werden, ist durch bloße Muskel- und Nervenkraft niemals ersetzbar. Darum werft alle Verzagtheit ab und wirkt, die Seele zur Quelle des Lichtes gewandt, für das große Ziel, um dessentwillen ihr hier seid, mit dem Herzen die ganze Menschheit umfangend, aber völlig ohne Wünsche in Bezug auf den Erfolg eurer Arbeit. So haben es unsere Weisen gelehrt, so ermahnte Sri Krishna auf dem Schlachtfeld Arjuna, und so sollen auch wir unsere Kräfte einsetzen.

Meine Gefühle im Hinblick auf das Leid in der Welt sind nicht ganz die gleichen wie die deinen. Nichts schmerzt mich mehr als die Blindheit und Raserei, in der die übergroße Mehrzahl unserer Mitmenschen den Freuden der Sinne nachgeht, und die gänzlich verwirrten und irrigen Auffassungen, die sie vom Leben haben. Der Anblick dieser Unwissenheit und Tollheit bewegt mein Herz tiefer als die physischen Mühsale und Beschwerden, welche die Menschen erleiden müssen. Und wenn auch Rantidevas Gebet mich vor Jahren tief bewegt hat, so scheinen mir nach den Einblicken, die ich seither in das innere Wesen der Dinge machen durfte, die Auffassungen Buddhas weiser und transzendenter zu sein. Und wenn ich auch freudig Todesqualen auf mich nehmen würde, um einen Jünger von den Martern zu erlösen, denen er unterworfen wird, so ist mein Schmerz um solche, da ich sowohl die Ursachen als auch die unmittelbaren Folgen der Leiden von Jüngern kenne, doch kaum halb so heftig, wie ich ihn für das Elend jener armen Unwissenden empfinde, die ohne Verständnis bloß die Strafen für ihre vergangenen Untaten verbüßen.

Die Funktionen des Intellektes sind nur Vergleich und vernünftige Schlussfolgerung; spirituelle Erkenntnis liegt weit jenseits seines Gesichtskreises. Du bist in deiner gegenwärtigen Umgebung wahrscheinlich übersättigt von intellektuellen Scharfsinnigkeiten. Aber die Welt ist eben eine Schulungsstätte, und keine Erfahrung, wie schmerzvoll oder lächerlich sie auch sein mag, ist für einen bewusst lebenden Menschen ohne Nutzen oder Wert. Widrigkeiten, durch die wir hindurchgehen müssen, machen uns nur weiser, und gerade die Fehler, die wir begehen, haben ihren großen Nutzen für die Zukunft. So sollten wir über kein Schicksal murren, wie wenig beneidenswert es äußerlich auch scheinen mag.

※ ※ ※

Karma bedeutet, wie Bhagavad Gita und das Yoga Vasishtha lehren, Handlungen und Willensäußerungen, die *Vasana*, dem Begehren, entspringen. In diesen beiden ethischen Gesetzbüchern ist ausdrücklich dargelegt, dass nichts, was aus reinem Pflichtgefühl getan wird, nichts, was nur von dem Empfinden, dass es »sich sozusagen gehört«, veranlasst ist, die moralische Natur des Handelnden beflecken kann, auch wenn er sich in seiner Auffassung über Pflicht und Schicklichkeit im Irrtum befinden sollte. Er wird seinen Irrtum natürlich mit Leiden büßen müssen, die in einem Verhältnis zu dem Gewicht der Folgen dieses Irrtums stehen. Aber dieser Irrtum vermag keinesfalls seinen Charakter zu verschlechtern oder seinen *Jivatma** zu beflecken.

Es ist gut, wenn man alle Ereignisse im Leben als Lektionen betrachtet, die zum Vorteil genutzt werden können. Auch der Schmerz, den uns die Trennung von

---
* *Jivatma* – das individuelle Selbst.

Freunden, die wir lieben, verursacht, kann auf solche Weise genützt werden. Was sind Raum und Zeit auf der Ebene des Geistes? Illusionen des Gehirns, Dinge, die in Wirklichkeit gar nicht existieren und nur aus dem Unvermögen des Verstandes, der den Geist einkerkert, den Anschein der Wirklichkeit erlangen. Am Ende wird für jeden von uns Gutes aus den Leiden erwachsen, und daher dürfen wir nicht murren. Nein, da wir wissen, dass Jüngern eines Meisters nichts von Bedeutung widerfahren kann, was nicht dem Willen ihres Herrn entspricht, müssen wir jedes schmerzvolle Ereignis als eine Stufe ansehen, die uns zu spirituellem Fortschritt führt, als ein Mittel zu jener inneren Entfaltung, die uns fähig machen wird, den Großen, und damit der Menschheit, besser zu dienen.

Wenn wir nur den Großen zu dienen vermögen, wenn sich nur unsere Seelen in allen Stürmen und Feuern zu ihren Lotosfüßen wenden, was bedeuten dann schon die Schmerzen und Leiden, welche diese Stürme und Feuersbrände unseren vergänglichen Umhüllungen zufügen? Versuchen wir doch, etwas von der inneren Bedeutung dieser Leiden, dieser

Wechselfälle in unseren äußeren Verhältnissen zu verstehen! So viel erduldeter Schmerz bedeutet, dass ebenso viel böses Karma sich ausgewirkt hat, dass eine gute Lektion von ebensolcher Bedeutung erlernt wurde. Sind das nicht Gedanken, die ausreichen, uns durch eine beliebige Menge dieser der Welt der Täuschungen angehörenden Nöte sicher hindurch zu geleiten? Wie leicht ist es zu leiden, wenn man nur wissend ist und Glauben hat! Welch ein Unterschied zu dem Elend eines Unwissenden, eines Skeptikers oder eines Ungläubigen. Fast möchte man wünschen, alles Leid und Elend der Welt sollte auf uns lasten, damit die übrige Menschheit befreit und glücklich sein könnte. Die Kreuzigung Jesu Christi symbolisiert dieses Stadium im Leben des Jüngers. Ist es nicht so? Bleibt nur fest im Glauben und in der Hingebung und weicht nicht ab von dem geheiligten Pfad der Liebe und Wahrheit! Das ist eure Arbeit – alles andere wird für euch von den Herren der Barmherzigkeit getan werden, denen ihr dient. Ihr wisst dies alles, und wenn ich davon spreche, so geschieht dies nur, um euch in diesem Wissen zu bestärken. Denn wir vergessen oft manche unserer besten Erkenntnisse, und in Zeiten der Verwirrung besteht die Aufgabe eines

Freundes oft mehr darin, uns an unsere eigenen Aussprüche zu erinnern, als uns neue Wahrheiten einzuprägen. So tröstete Draupadi oft ihren weisen Gatten Yudisthira, wenn furchtbares Unglück für Augenblicke seine gewohnte ruhige Heiterkeit überwältigte, und so musste selbst Vasishtha besänftigt und getröstet werden, als er vom Schmerz über den Tod seiner Kinder zerrissen war. Die Maya-Seite dieser Welt ist wahrlich unbeschreiblich! Wie schön und romantisch einerseits, und wie furchtbar und elend andererseits! Maya ist das Geheimnis aller Geheimnisse, und wer Maya verstehen gelernt hat, der hat seine Einheit mit Brahman gefunden, seine Einheit mit der höchsten Seligkeit und dem höchsten Licht.

※ ※ ※

Das befremdende Bild der Göttin Kali, die auf dem hingestreckten Gotte Shiva steht, ist ein Beispiel für die Nützlichkeit – die höhere Verwendungsmöglichkeit – von Zorn und Hass. Das schwarze Antlitz Kalis stellt den Zorn dar, und mit dem Schwert bedeutet es zugleich physische Tapferkeit. Und die ganze Gestalt bedeutet: Solange ein Mensch Zorn, Hass und physische Kraft hat, sollte er diese zur Unterdrückung seiner anderen Leidenschaften benützen, zur Überwindung der Begierden des Fleisches. Das Bild stellt auch dar, was wirklich geschieht, wenn das Denken sich zum ersten Mal dem höheren Leben zuwendet. Es fehlt uns da noch an Weisheit und mentalem Gleichmut, und so unterdrücken wir unsere Begierden mit Hilfe unserer Leidenschaften; wir richten unseren Zorn gegen unsere eigenen Laster und unterdrücken sie so; unseren Stolz setzen wir gegen unwürdige Neigungen sowohl unseres Körpers als auch unseres Denkens ein und erklimmen so die erste Sprosse der Leiter. Der hingestreckte Shiva zeigt uns, dass wir, wenn wir in einen Kampf wie diesen verstrickt sind, unser höchsten Prinzipes, *Atman*, nicht achten – wir treten sogar darauf herum. Nicht eher als bis wir den letzten Feind des großen Selbstes erschlagen haben, erkennen wir, in welcher Stellung zu unserem *Atman* wir während des Kampfes standen. So bemerkt Kali Shiva zu ihren Füßen erst, nachdem sie den letzten *Daitya* – die Personifikation *Ahamkaras* – getötet hat. Dann schämt sie sich ihrer wahnsinnigen Raserei. Solange nicht alle Leidenschaften überwunden sind, müssen wir sie wechselseitig zu ihrer eigenen Unterwerfung benützen, indem wir die Kraft der einen durch die Kraft einer anderen neutralisieren. So allein können wir am Anfang Erfolge in der Abtötung der Selbstsucht erzielen und den ersten Blick auf unser wahres Selbst erhaschen – auf den Gott in uns, den wir nicht kennen, solange Begierden in unseren Herzen rasen.

❋ ❋ ❋

Wir tun wohl daran, immer unsere eigenen kurzsichtigen persönlichen Wünsche beiseite zu schieben, um vertrauensvoll den Meistern zu dienen. Es ist meine Erfahrung, dass man, wenn man allein ihrer Führung folgt, vielen gefährlichen Abgründen aus dem Wege geht, auf die man, ohne es zu wissen, zugerannt war. Im Augenblick scheint es wohl hart, wenn man sich von seinen Neigungen losreißen muss, aber am Ende erwächst nichts als Freude aus einem solchen Opfer. Es gibt keine bessere Schulung, als sie jene Jahre im Leben bieten, in denen man durch schwere Enttäuschungen dazu getrieben wird, zu Füßen unserer Meister Schutz zu suchen, denn nirgends anderswo gibt es einen bleibenden Ruheplatz. Dann wächst in dem Jünger die Gewohnheit, immer daran zu denken, dass seine einzige Zuflucht bei den Meistern liegt, und sobald er einmal nicht an sie denkt, fühlt er sich elend und verlassen. So entzündet sich gerade aus dem Dunkel der Verzweiflung für ihn ein Licht, das niemals mehr trübe wird. Jene, deren Augen die Weiten der fernen Zukunft durchdringen, die unseren sterblichen Blicken verhüllt sind, haben stets getan und werden immer tun, was für die Welt das Beste ist. Unmittelbare Erfolge und vorübergehende Befriedigungen müssen geopfert werden, wenn das Ziel ohne Gefahr eines Rückschlages sicher erreicht werden soll. Je stärker wir wünschen, die Voraussetzungen für einen endgültigen Erfolg zu schaffen, desto weniger sollten wir nach der Ernte des Tages verlangen.

Nur durch Leiden können wir zu Vollkommenheit und Reinheit gelangen; nur durch Leiden können wir aus uns geeignete Diener für das große Waisenkind machen, das unentwegt nach spiritueller Nahrung schreit. Das Leben hat nur dann wahren Wert, wenn wir es zu Füßen der Großen opfern.

Freuen wir uns, wenn wir Gelegenheit haben, der großen Sache durch persönliche Opfer zu dienen, denn solches Leiden kann von den Meistern benützt werden, um die arme irrende Menschheit eine kleine Stufe emporzuheben. Jeder Schmerz, den ein Jünger erleidet, ist der Kaufpreis für einen entsprechenden Gewinn, der der Welt zufällt. Er sollte daher sein Leiden froh und ohne zu murren auf sich nehmen, denn er sieht ja schon etwas klarer als die blinden Sterblichen, für die er leidet. Den ganzen Lauf der Entwicklung beherrscht ein Gesetz, das selbst für die Augen eines Neulings nur zu schmerzlich offenbar ist – dass nichts, was des Besitzes wirklich wert ist, ohne ein entsprechendes Opfer erlangt werden kann.

※ ※ ※

Wer allem Ichgefühl entsagt und sich zu einem Werkzeug macht, durch das allein die Hände Gottes wirken, braucht keine Furcht vor den Schwierigkeiten und Prüfungen dieser harten Welt zu haben. »Wie DU befiehlst, so wirke ich.« Das ist der leichteste Weg, um aus dem Bereich des individuellen Karmas zu entkommen, denn wer seine Fähigkeiten den Großen zu Füßen legt, schafft kein Karma mehr für sich selbst. Denn ihm geschieht es dann, wie Sri Krishna versprach: »Ich nehme seine Schuld auf MICH.« Der Jünger braucht sich um die Früchte seiner Taten nicht zu sorgen. So sprach auch der große Meister des Christentums: »Sorge nicht für den morgigen Tag!«

※ ※ ※

Gestatte Impulsen nicht, dein Verhalten zu beeinflussen. Enthusiasmus gehört in den Bereich der Gefühle, nicht in den des rechten Verhaltens. Enthusiastisches Verhalten hat in der wahren esoterischen Lehre keinen Raum, denn der Esoteriker muss immer selbstbeherrscht sein. Eine der schwierigsten Aufgaben in seinem Leben ist es, immer ausgeglichen zu sein, doch die Kraft dazu erwächst ihm aus wahrer spiritueller Einsicht. Der geistig Strebende muss mehr ein inneres als ein äußeres Leben führen. Er empfindet, erfasst und erkennt mehr und mehr, aber er zeigt immer weniger. Selbst die Opfer, die er bringen muss, gehören mehr der inneren als der äußeren Welt an. In der gewöhnlichen religiösen Frömmigkeit wird alle Opferkraft, derer die Natur fähig ist, dazu gebraucht, äußere Vorschriften zu beobachten und gegenüber dem Spott und den Versuchungen der physischen Welt zu bestehen. Im Leben des Esoterikers muss die Opferkraft für höhere Dinge verwendet werden. Die verhältnismäßige Bedeutung aller Dinge muss erwogen und das Äußere dem Inneren untergeordnet werden. Vor allem darf man auf dem Pfad niemals wählerisch sein. So wie der Schwan in der Sage aus einem Gemisch von Milch und Wasser die Milch allein zu sich nimmt und das Wasser übrig lässt, so zieht der Esoteriker aus allen Dingen die Quintessenz ihres Lebens und lässt die Hülsen und Schalen übrig, in denen sie verborgen war.

Wie kann jemand annehmen, dass die Meister sich in das Leben und Tun der Menschen einmischen sollten und weil sie es nicht tun, daraus den Schluss ziehen, dass sie nicht existieren? Mit der gleichen Berechtigung könnte man in Frage stellen, dass es im Universum ein moralisches Gesetz gibt, und aus dem Vorhandensein von Ungerechtigkeit und Schändlichkeit unter den Menschen schließen, dass es kein solches Gesetz geben könne. Warum vergessen die Menschen, dass die Meister *Jivanmuktas** sind, die mit dem Gesetz arbeiten, sich mit dem Gesetz identifizieren, ja in Wirklichkeit der eigentliche Geist des Gesetzes sind? Aber es ist nicht nötig, bestürzt darüber zu sein, denn der

---

* *Jivanmuktas* - vollkommen gewordene, von allen Fesseln befreite Menschenseelen.

Gerichtshof, dem wir uns in Angelegenheiten des Gewissens unterwerfen, ist nicht die öffentliche Meinung, sondern unser eigenes höheres Selbst. Und es sind Kämpfe wie diese, die das Herz reinigen und die Seele erheben, nicht ungestümer Streit, zu dem uns unsere Leidenschaften antreiben, oder selbst »gerechter Zorn« oder das, was man »fromme Empörung« nennt.

✳ ✳ ✳

Was bedeuten uns Kummer und Schwierigkeiten? Sollen sie uns nicht ebenso willkommen sein wie Vergnügen und Annehmlichkeiten? Sind sie denn nicht unsere besten Lehrmeister und Erzieher, voll heilsamer Lektionen? Ziemt es uns darum nicht, gleichmütiger durch die Wechselfälle des Lebens und des Glückes zu schreiten? Und würde es uns nicht sehr zur Schande gereichen, wenn wir es nicht zustande brächten, jene Ruhe des Geistes und jenes Gleichmaß unserer Stimmungen zu bewahren, welches die Gemütsart eines Jüngers immer kennzeichnen sollte? Ein Schüler sollte inmitten aller äußeren Stürme und Gewitter immer seine heitere Ruhe bewahren. Wenn wir nur das Äußere betrachten, ist diese Welt eine gänzlich wahnsinnige Welt, aber wie täuschend ist dieser Wahnsinn! Es ist der echte Wahnsinn der Geistesgestörtheit, in dem der Kranke seinen Zustand nicht erkennt und sich vielmehr für völlig gesund hält. Oh! Wenn wir, deren Augen für diesen Wahnsinn, der die äußere Hülle beherrscht, geöffnet wurden, jene Harmonie und Musik nicht wahrzunehmen vermöchten, die in der Seele der Dinge klingen, wie unerträglich wäre das Leben dann für uns!

Glaubt ihr nicht, dass es undankbar von uns ist, freudlos zu sein, während wir den Wünschen unserer Meister gehorchen und unsere Pflichten erfüllen? Ihr solltet nicht nur Frieden und Zufriedenheit empfinden, sondern auch Freude und lebensvolle Munterkeit haben, während ihr jenen dient, denen zu dienen unser höchstes Vorrecht, und derer zu gedenken unser höchstes Entzücken ist.

Dass die Großen uns niemals verlassen werden, ist so gewiss wie der Tod. Aber uns obliegt es, ihnen mit wirklicher Hingabe anzuhängen. Wenn unsere Hingabe wirklich echt und tief ist, besteht nicht die entfernteste Gefahr, dass wir von ihren heiligen Füßen abfallen könnten. Aber ihr wisst, was wirklich tiefe Hingabe bedeutet. Ihr wisst so gut wie ich, dass nichts Geringeres als die vollkommene Aufgabe des persönlichen Willens, die absolute Vernichtung des persönlichen Elementes im Menschen die eigentliche echte *Bhakti* zu begründen vermag. Das wahre Ideal der Hingabe kann erst dann erreicht werden, wenn die ganze menschliche Natur in vollkommene Harmonie mit dem göttlichen Gesetz gebracht worden ist, wenn nicht ein einziger disharmonischer Ton mehr in irgendeinem Teil des menschlichen Wesens schwingt, wenn alle Gedanken, Vorstellungen, Wünsche und Gefühle, seien sie willkürlich oder unwillkürlich, in Antwort auf und in vollkommenem Einklang mit dem »Großen Atem« schwingen. Erst dann haben wir uns in jenen Bereich erhoben, in dem kein Versagen mehr möglich ist, wenn wir diese Stufe von Bhakti erreicht haben, die allein stetigen weiteren Fortschritt und zweifellosen Erfolg sichert. Der Jünger versagt nicht deshalb, weil es den großen Meistern an Sorge und Liebe für ihn mangelt, sondern – trotz dieser Sorge und Liebe – vermöge seiner eigenen Verwirrung und angeborenen Schwäche. Und Verwirrung ist in jedem möglich, solange noch die Vorstellung von Getrenntheit in ihm vorhanden ist – eine Vorstellung, die sich ihm durch äonenlanges getäuschtes und verführtes Denken eingeprägt hat und die noch nicht gänzlich ausgerottet werden konnte.

✳ ✳ ✳

Wir dürfen uns in keiner Hinsicht täuschen. Manche Wahrheiten sind zweifellos bitter, aber die weiseste Haltung ist die, sie kennen zu lernen und ihnen ins Gesicht zu sehen. In einem eingebildeten Paradies zu leben, bedeutet nur, sich vom wahren Elysium abzuschließen. Wenn wir uns niedersetzen und darüber nachdenken, ob noch irgendwelche Spuren von Getrenntheit und persönlichem Empfinden in uns zurückgeblieben sind, irgendein Wunsch, dem natürlichen Lauf der Ereignisse entgegenzuwirken, dann mag es sein, dass wir keinerlei Beweggründe für solche Wünsche zur Selbstbehauptung finden. Da wir wissen und glauben, dass die Vorstellung des Getrenntseins ein bloßes Werk von Maya ist, dass Unwissenheit und alle persönlichen Wünsche nur aus dem Gefühl der Getrenntheit entspringen und sie die Wurzel all unseres Elends sind, können wir nicht anders, als diese falschen und täuschenden Auffassungen zurückzuweisen, wenn wir über sie nachdenken. Aber wenn wir die Tatsachen betrachten und uns im Alltag beobachten, unser wechselndes Verhalten in den verschiedenen Lebensumständen, dann wird sich uns eine wesentlich andere Schlussfolgerung aufdrängen, und wir werden finden, dass die tatsächliche Verwirklichung unserer Erkenntnis und unseres Glaubens in unserem eigenen Leben noch ein fernes Ziel ist, das vorläufig nur dann und wann für kurze Augenblicke von uns erreicht wird, wenn wir gänzlich unseren Körper und unsere übrige materielle Umgebung vergessen und völlig in die Betrachtung des Göttlichen, in die Gottheit selbst, versunken sind.

Für uns sind durch die Gnade der Meister die Dinge auf Erden etwas klarer und verständlicher als für die Menschen in der Welt, und das ist der Grund, weshalb wir so begierig sind, alle Kraft unseres Lebens ihrem Dienste zu weihen. Alles Handeln – Wohltätigkeit, Patriotismus usw. – ist, so wird der Zyniker mit triumphierendem Hohnlächeln sagen, eine bloße Frage des Gebens und Nehmens, ein bloßer Tauschhandel. Aber die edlere Seite, welche selbst diese bespöttelte kaufmännische Ehrenhaftigkeit – wenn sie genau beobachtet und auf die höheren Lebensprobleme angewandt wird – dem tiefer blickenden Auge zeigt, liegt jenseits des Auffassungsvermögens der hochmütigen Spötter; und so verlachen und bespötteln sie die Ehrenhaftigkeit, nennen sie »kaufmännisch«, und die törichte und leichtsinnige Welt, die überall nach Vergnügen ausschaut, lacht mit ihnen und nennt sie geistreiche und scharfsinnige Kerle. Wenn wir nur auf die Oberfläche unserer wunderbaren Erdkugel blicken, wird sich nichts als dunkle Traurigkeit über unsere Seele breiten, und Hoffnungslosigkeit wird alle unsere Anstrengungen lähmen, die Verhältnisse zu bessern. Blicken wir jedoch tiefer, dann sehen wir, wie alles Unvereinbare dahinschwindet, alles erscheint schön und harmonisch, unser Herz blüht auf und ist beglückt und öffnet freigiebig der umgebenden Welt seine Schätze. So brauchen wir uns nicht entmutigt fühlen, wenn wir etwas Schreckliches erblicken, und wir brauchen nicht zu klagen über die Torheit und Blindheit der Menschen, in deren Mitte wir hineingeboren wurden.

※ ※ ※

Es gibt feste moralische Gesetze, genau so wie es einheitliche physikalische Gesetze gibt. Diese moralischen Gesetze können durch den Menschen verletzt werden, da er ja mit einem individuellen

Sein und mit der Freiheit begabt ist, welche dieses individuelle Sein bedingt. Jede solche Verletzung wird nun zu einer moralischen Kraft, die auf der moralischen Ebene entgegengesetzt zu der Richtung wirkt, in welcher sich die allgemeine Entwicklung bewegt. Durch das Gesetz der Reaktion hat jede solche Kraft die Tendenz, das Wirken des rechten Gesetzes auszulösen. Wenn nun diese entgegengesetzten Kräfte sich ansammeln und ein gigantisches Ausmaß annehmen, werden die Kräfte der Reaktion notwendigerweise gewaltsam und haben moralische und geistige Revolutionen zur Folge, religiöse Kriege, Kreuzzüge und Ähnliches mehr.

Wenn man diese Theorie weiter durchdenkt, wird man verstehen, weshalb es notwendig ist, dass *Avatare*[*] auf Erden erscheinen. Wie einfach sind die Dinge, wenn die Augen sich öffnen! Wie unverständlich erscheinen sie, wenn der geistige Blick blind oder undeutlich ist! Die Natur hat in ihrer unendlichen Freigiebigkeit dem Menschen auf den äußeren Ebenen exakte Nachbildungen ihres inneren Wirkens geschaffen, und es ist wahrhaftig so: Wer Augen hat zu sehen, der kann sehen, und wer Ohren hat zu hören, der kann hören.

---

[*] *Avatar* – Verkörperung des Göttlichen in Menschengestalt.

Wie sehr wünscht man sich, leidenden Seelen in den Stunden schwerer Prüfungen und drückender Dunkelheit Hilfe zu bringen. Aber jene, die durch ähnliche Prüfungen gegangen sind, wissen aus eigener Erfahrung, wie gut es war, dass sie in diesen Zeiten die Hilfe, die tatsächlich immer gegeben wird, nicht wahrnehmen konnten und dass sie dadurch von einem Gefühl gänzlicher Verlassenheit und Verlorenheit niedergedrückt wurden. Sonst würde die halbe Wirkung dieser Prüfungen verlorengegangen sein, und die Kraft und die Erkenntnis, die jeder solchen Prüfung folgen, würde von ihnen erst nach langen Jahren des Tastens und Schwankens erworben worden sein.

Das Gesetz von Wirkung und Gegenwirkung ist überall wirksam... Ein Mensch, dessen Hingebung vollkommen ist, das ist ein Mensch, der sowohl im Tun als auch im Denken alle seine Kräfte und allen seinen Besitz der höchsten Gottheit weiht, der sich sowohl über seine eigene Nichtigkeit klar ist als auch über die Unrichtigkeit der Vorstellung getrennten Seins – nur einen solchen Menschen dürfen die dunklen Mächte nicht angreifen, und er wird vor allen Gefahren geschützt, die seine Seele bedrohen könnten. Kein Mensch, in dem das Gefühl der Hingebung einmal geweckt ist, kann mehr für immer abfallen – wie die Bhagavad Gita lehrt – aber er ist nicht gegen vorübergehende Abirrungen gefeit, wenn auch – in einem gewissen Sinne – jedes lebende Wesen, vom höchsten Engel bis zum geringsten Protozoon, sich unter dem Schutz des Logos seines Systems befindet und durch die verschiedenen Stufen und Arten des Seins zurück in dessen Schoß getragen wird, um sich dort für eine Ewigkeitsperiode der Seligkeit von *Moksha** zu erfreuen.

※ ※ ※

---
* *Moksha* – Befreiung

Dem sehenden Auge enthüllt das Äußere immer das Innere, und alle Orte und alle Menschen sind daher immer interessant. Das Äußere ist auch durchaus kein solch verächtliches Ding, wie wir es uns in der anfänglichen Intensität und Heftigkeit unseres *Vairagya** und in unserem Widerwillen gegen alles, was bloß Schein ist, einbilden mögen. Denn wenn es so wäre, dann würde ja die ganze Schöpfung eine Torheit und eine sinnlose Kraftvergeudung sein. Ihr wisst, dass dies nicht so ist, dass vielmehr auch in den täuschenden Offenbarungen der äußeren Hüllen eine tiefe und wahre

---

* *Vairagya* – Leidenschaftslosigkeit

Weisheit liegt, von der Carlyle in seinem »Sartor Resartus« einen Teil gezeigt hat. Weshalb wenden wir uns also in Ekel und Schrecken ab, wenn wir Erscheinungen niederen Übels zu Gesicht bekommen? Sind nicht alle Gewänder, in denen sich die höchste Gottheit maskiert, für uns heilig und voll von Lehren der Weisheit? Du sagst richtig, dass alle Dinge, reine wie unreine, den ihnen zukommenden Platz in der Natur haben und eben durch ihre Verschiedenheit die Vollkommenheit des höchsten Logos aufbauen.

✳ ✳ ✳

Warum wird die Verbindung mit der inneren Welt abgerissen, was uns Traurigkeit und ein schweres Herz bereitet? Weil die äußere Welt uns noch etliche Lektionen zu lehren hat, und eine dieser Lektionen ist es, dass eben diese äußere Welt auch göttlich in ihrem Wesen, göttlich in ihrer Substanz und göttlich in ihrem Wirken ist, und dass wir uns daher ihr gegenüber freundlicher verhalten sollten. Außerdem sind auch Traurigkeit und Melancholie nützlich und haben ihre eigenen Weisheiten zu lehren. Sie sind für die Entwicklung und das Wachstum der menschlichen Seele ebenso wichtig wie Freude und intensives Lebensgefühl. Sie werden aber nur auf den früheren Stufen unseres Wachstums benötigt, und wir können sie uns ersparen, sobald unser inneres Ich aufgeblüht ist und sein Herz der göttlichen Sonne geöffnet hat.

✳ ✳ ✳

Ihr wisst, wie die Entwicklung vor sich geht. Wir beginnen ohne alle Fähigkeit zu Sinneswahrnehmungen. Schrittweise entfalten wir diese Fähigkeit, und dann kommt eine Stufe unserer Pilgerfahrt, auf der wir sie am intensivsten besitzen. Darauf folgt jene Periode, in welcher wir die Sinnesempfindungen als Maya betrachten lernen; so treten die Sinnesempfindungen allmählich zurück und die Erkenntnis wird die vorherrschende Kraft in uns, bis am Ende alle Sinnesempfindungen im Licht der Erkenntnis verglüht sind und wir vollkommenen Frieden haben. Aber dies ist kein Friede in Unwissenheit, wie am Beginn unseres Lebens im Mineralreich, sondern ein Friede in Allwissenheit; ein Friede, nicht in vollkommener Teilnahmslosigkeit, die dem Tode gleicht, wie wir ihn bei den Gesteinen wahrnehmen, sondern Friede in absolutem Leben und absoluter Liebe. Absolutes Leben ist Ruhe, weil es alles belebt und seinen Segen auf das ganze

Weltall ausgießt. Aber die Extreme berühren sich, und so fallen in einem Aspekt Anfang und Ende zusammen.

※ ※ ※

Zwei Punkte sind es, die ich klarstellen möchte:

1. Dass Menschen mit psychischer Begabung, die ungeschult sind, immer Gefahr laufen, Worte, die in Wirklichkeit vom Feind gesprochen wurden, als Weisungen des Meisters aufzufassen und weiterzugeben, und

2. Dass der Meister nichts sagt, was der Intellekt seiner Zuhörer nicht zu be-

greifen vermag und wogegen ihr Moralempfinden Widerspruch erhebt. Wie sehr die Worte eines Meisters auch dem widersprechen mögen, was wir vorher gedacht haben, sie führen stets zu absoluter Überzeugung, sowohl im Intellekt als auch im moralischen Empfinden der angesprochenen Person. Sie kommen wie eine Offenbarung, die einen Irrtum berichtigt, der dadurch mit einem Male sichtbar wird. Sie strömen herab wie ein Lichtstrahl, der die Dunkelheit vertreibt. Sie verlangen weder Leichtgläubigkeit noch blindes Vertrauen.

※ ※ ※

Ihr wisst, wie der Feind gegen uns gearbeitet hat, und wenn wir in unserer Hingabe an die Meister oder in der Erfüllung der Pflichten, die sie uns aufzuerlegen geruht haben, versagen, wird unsere Not und Mühsal nicht enden. Aber wir achten aller dieser Mühsale nicht zu sehr; wir können sie geduldig und ohne Unruhe ertragen. Was uns wirklich quält und was den Frieden unseres Geistes trübt, ist die manchmal gegen uns ausgestoßene Drohung, uns von unseren Führern wegzureißen. Nichts anderes kann uns peinigen, kein persönlicher Schmerz, kein physischer Verlust, wie groß er auch sein mag. Denn wir wissen, über allen Zweifel erhaben, dass alles Persönliche vorübergehend und unbeständig ist, dass alles Physische täuschend und unecht ist, und dass nur Torheit und Unwissenheit über Dinge trauern können, die der Welt der Schatten angehören.

Ein Jünger kann aus Belehrungen, die auf der Ebene des Intellektes gegeben werden, wenig Nutzen ziehen. Das einzige Wissen, das für ihn des Besitzes wert ist, ist jenes Wissen, welches aus der Seele in den Intellekt einsickert. Während die Tage dahinrollen, wird das

Maß an solchem Wissen im Jünger sicherlich zunehmen, und in dem Maße, in dem es zunimmt, werden allmählich alle Hindernisse auf dem Pfad für ihn hinweggeräumt.

※ ※ ※

An das Gefühl des Schmerzes gewöhnt sich jeder Mensch, der das Leben des Geistes lebt. Wir wissen, dass kein Schmerz ewig währen kann, und selbst wenn er ewig währte, so würde dies nicht viel ausmachen. Wir können nicht hoffen, den Großen oder der Menschheit von irgendwelchem Nutzen zu sein, wenn wir nicht von den Feinden unser volles Maß an Leiden annehmen. Aber es ist manchmal furchtbar, dem Zorn dieser Herrscher der Dunkelheit entgegenzutreten, und sie vermögen uns tödlichen Schrecken einzujagen durch die Maya, die sie von Zeit zu Zeit hervorbringen. Ein reines Herz hat jedoch nichts zu fürchten und kann sicher sein, schließlich zu triumphieren. Der Jünger darf sich über die vorübergehenden Schmerzen und Täuschungen, die sie hervorbringen, nicht grämen. Manchmal mögen sie eine regelrechte Verwüstung in seinem Innern anrichten, dann muss er sich auf den Ruinen seines eigenen Wesens niederlassen und ruhig warten, bis diese dämonische Täuschung wieder vorübergegangen ist. Er sollte es den Wellen von Zweifel und Unruhe stets gestatten, über ihn hinwegzuwogen, dabei aber immer den Anker festhalten, den er gefunden hat. Der Feind kann ihm keinen wirklichen Schaden in seinem eigentlichen Wesen zufügen, solange er den Großen mit ganzer Seele und ganzer Kraft hingegeben bleibt: »Wer an MIR festhält, überquert mit meiner Hilfe leicht den Ozean des Todes und der Welt.«

※ ※ ※

Nichts kann dem Jünger widerfahren, was nicht für ihn das Beste wäre. Sobald ein Mensch sich einmal entschlossen in die Hände der gnädigen Meister gibt, sorgen diese dafür, dass alles zur rechten Zeit geschieht – zu der Zeit, in welcher der größte Nutzen daraus erzielt werden kann, für den Jünger wie auch für die Welt. Er sollte daher alles, was ihm widerfährt, in zufriedenem und zuversichtlichem Geiste hinnehmen und »sich nicht um den morgigen Tag sorgen …« Eine sturmgepeitschte Barke auf tobendem Meer ist etwas Friedlicheres als das Leben eines Pilgers auf dem Wege nach dem Heiligtum des Geistes. Ein friedliches Leben würde Stagnation und Tod für einen Menschen bedeuten, der noch nicht das Recht auf Frieden erworben hat; dies aber kann nur dadurch geschehen, dass er den Feind – die Persönlichkeit – gänzlich vernichtet.

✳ ✳ ✳

Ihr solltet nicht Trugschlüssen verfallen, die von Unwissenden aufgestellt werden. Alle wirkliche Liebe ist ein Attribut des Geistes, und *Prana* und *Bhakti* sind die beiden Aspekte der göttlichen *Prakriti* (der Natur), die das Leben eines Menschen, der nach den Wassern der Unsterblichkeit strebt, lebenswert machen.

In der stürmischen Dunkelheit des Lebens eines Jüngers kommt das einzige Licht von der Liebe, denn Liebe und *Ananda* (Seligkeit) sind im höchsten Sinne identisch, und je reiner und spiritueller die Liebe ist, desto mehr Anteil hat sie an der Natur von *Ananda* und desto weniger ist sie mit nicht dazu passenden Elementen vermengt. Nur die heilige Liebe des Meisters ist so majestätisch erhaben, dass nichts in ihr ist, was nicht am Göttlichen Anteil hat.

※ ※ ※

Klugheit und Planmäßigkeit sind auf dem geistigen Pfad ebenso wichtig wie anderswo. In der Tat werden alle Fähigkeiten des menschlichen Geistes, die im gewöhnlichen Leben als Tugenden betrachtet werden, auf dem esoterischen Pfad zur höchsten Vollendung gebracht, sie sind notwendige Teile des wirklichen Lebens, das allein den Jünger ausmacht. Der Welt kann nicht so leicht geholfen werden, wie viele es sich vorstellen, selbst wenn mehr Mitarbeiter für das Werk zur Verfügung stünden. Wissen ist nicht das einzige, was vom Jünger verlangt wird. Blickt umher und denkt nach, ehe ihr behauptet, dass die Erkenntnis und Hingabe der Wenigen die Zeiger der Uhr weiterrücken könnten. Nicht ein einziger Versuch kann gemacht werden, ohne eine heftige Feindseligkeit von der anderen Seite hervorzurufen; ist aber die Welt vorbereitet, um diese Reaktion zu überstehen? Ihr werdet verstehen, wie weise unsere Lehrer sind, wenn sie nicht weiter gehen, als sie es tun, wenn ihr nur aus allem lernt, was ihr gesehen habt.

※ ※ ※

Was wäre das Leben wert, wenn wir nicht leiden würden, leiden, um die Welt, die vor unseren Augen stöhnt, ein wenig reiner werden zu lassen, leiden, um ein wenig mehr von den Wassern des Lebens zu gewinnen, die den Durst einiger verschmachtender Lippen stillen können? In der Tat, wenn es nicht das Leiden gäbe, das das Schicksal jedes Jüngers ist, der mit blutenden Füßen den Pfad beschreitet, so könnte er sich verirren und das Ziel aus den Augen verlieren, auf welches sein Blick immer gerichtet sein muss. Die Maya der Welt der Erscheinungen ist so verwirrend und so bezaubernd, dass es mir scheint, eine Beseitigung des Leidens müsste unweigerlich von einem Vergessen der Wirklichkeit des Seins gefolgt werden, und wenn der Schatten des spirituellen Lebens verschwände, müsste auch sein Licht dahinschwinden. Solange der

Mensch noch nicht in Gott verwandelt ist, ist es vergeblich zu erwarten, dass er sich ununterbrochener spiritueller Seligkeit erfreuen könnte; in den Zeiten aber, in denen diese fehlt, ist es allein das Leiden, welches die Füße des Jüngers aufrecht hält und ihn vor dem Tode bewahrt, der ihn sonst sicherlich im Vergessen der Wahrheiten der spirituellen Welt überraschen würde.

※ ※ ※

Der Jünger sollte weder beunruhigt noch überrascht sein, wenn die geistigen Kräfte, die von der anderen Seite gegen ihn gerichtet werden, ihre Auswirkungen auf einer Ebene finden, welche höher ist als der physische Intellekt. Es ist auch richtig, dass die verlöschende Glut in irgendeinem unsichtbaren und unbeachteten Winkel seines Wesens dadurch noch einmal zu Flammen angefacht werden kann. Aber diese Flammen sind nur das Zeichen für die endgültige Vernichtung einer Schwäche, die weggebrannt werden muss. Solange der Makel der Persönlichkeit nicht völlig ausgewaschen wurde, kann das Laster in seinen vielfältigen Formen immer noch in irgendeinem vergessenen Winkel des Herzens Obdach finden, auch wenn es im mentalen Leben keinen Ausdruck mehr erhält.

Der einzige Weg, das Heiligtum des Herzens fleckenlos zu machen, ist der, einen Scheinwerfer in alle seine dunklen Winkel zu richten und in Ruhe Zeuge des Werkes der Vernichtung zu sein. Der Jünger darf keinesfalls gestatten, dass ihn dieser Reinigungsprozess mit Schrecken erfüllt, was immer für Ungeheuerlichkeiten er auch zu Gesicht bekommen mag. Er muss sich an den Füßen dessen festhalten, der auf diesem herrlichen Verbrennungsplatz alles Materiellen seine Wohnstatt hat. Dann braucht er nichts zu fürchten und sich um nichts zu sorgen. Er vertraut auf jene, die schützen und helfen, und mag beruhigt das Geschehen auf der spirituellen Ebene ihrer Obhut und Leitung überlassen. Sobald die dunkle Periode vorüber ist, wird er sehen, wie das Gold leuchtet, wenn die Schlacken weggebrannt sind.

※ ※ ※

In unserer irdischen Sphäre wechseln – wie auf allen Ebenen des Daseins – Tag und Nacht; selbst unmittelbar unter der Lampe gibt es Schatten. Wie sonderbar ist es da, dass kultivierte und gebildete Menschen glauben können, mit dem Fortschritt der Wissenschaft, der groben materialistischen Wissenschaft, könnte alles Elend – das der Einzelnen sowohl als auch das ganzer Nationen und Rassen – für immer beseitigt werden! Krankheiten, Kriege, Dürren, Seuchen, Überschwemmungen und auch die ganz großen Naturkatastrophen – das alles sollte nur mehr einer fernen Vergangenheit angehören?

※ ※ ※

Das Interesse, das wir alle an den Geschehnissen auf dieser Ebene des Scheines nehmen, gehört nur den Emotionen und dem Intellekt an und kann die Seele nicht berühren. Solange wir uns mit dem Körper und dem Verstand identifizieren, müssen die Wechselfälle des Schicksals, welche die Theosophische Gesellschaft treffen, die Gefahren, welche ihre Einigkeit und ihr Leben bedrohen, einen niederdrückenden, manchmal sogar einen bestürzenden Eindruck auf uns machen. Sobald wir aber dazu gelangt sind, im Geiste zu leben und wahrzunehmen, wie sehr alles äußere Dasein nur eine Schein-Natur besitzt, wie wechselhaft der Charakter jeder menschlichen Organisation, wie unveränderlich aber das innewohnende Leben ist, dann müssen wir – ob nun das Gehirnbewusstsein dieses Wissen reflektiert oder nicht – eine innere Ruhe fühlen, sozusagen ein Unbekümmertsein um diese Welt der

Schatten, und wir müssen von den Umwälzungen und Ausbrüchen dieser Welt unberührt bleiben. Sobald wir einmal das höhere Ich erreicht haben, wird das Wissen um die unendliche Weisheit der Gesetze und Kräfte, welche das Weltall regieren, zu einem instinktiven Besitz, und das unvermeidliche Ergebnis ist innerer Friede inmitten aller äußeren Ängste und Nöte.

Grob und allgemein gesprochen, gibt es auf der Ebene, auf welcher wir leben, drei Möglichkeiten, das menschliche Elend zu erklären: 1. als Mittel zur Erprobung des Charakters, 2. als Werkzeug der Vergeltung, und 3. als Erziehungsmittel im weitesten Sinne des Wortes. Von jedem dieser Gesichtspunkte aus betrachtet, steht, so glaube ich, der Zustand, in dem alles tot und erstarrt zu sein scheint (etwas, was jedem Strebenden zu bestimmten Zeiten widerfährt), zu dem Zustande akuten Schmerzes in einem sehr ähnlichen Verhältnis wie die Einzelhaft zu harter Zwangsarbeit. Das Beispiel ist zweifellos etwas zu grell, aber es scheint mir sehr vielsagend zu sein, und ich habe stets gefunden, dass analoge Bilder für das Verstehen abstrakter und subtiler Lehrsätze eine große Hilfe bedeuten. Daher mein Versuch, die Dinge auf solche Weise zu erklären. Alle Kräfte in dieser Welt wirken auf die Entwicklung einer vollkommenen Menschheit hin. Vollkommenheit aber können wir nur durch die harmonische Entwicklung aller unserer höheren Fähigkeiten erlangen. Diese harmonische Entfaltung kann wiederum nur durch entsprechende Übung dieser Fähigkeiten und Tugenden bewirkt werden, die Übung aber verlangt besondere Bedingungen für jede einzelne Eigenschaft. Durch bewusstes intensives Leiden werden nicht dieselben Fähigkeiten erprobt oder entfaltet und nicht dieselben Schulden abgegolten wie durch eine dumpfe und öde innere Leere. Geduld, passive Standhaftigkeit, Vertrauen und Hingabe werden weit besser unter dem Einfluss einer mentalen Düsternis entfaltet als in einem aktiven, harten Kampf. Das Gesetz von Wirkung und Gegenwirkung gilt auch auf der moralischen Ebene, und die Tugenden, welche durch eine solche mentale Erstarrung oder Betäubung erweckt werden, sind eben jene, die am geeignetsten sind, sie zu bekämpfen und zu überwinden, und das sind sicherlich nicht die gleichen Tugenden, mit denen wir akutem quälenden Schmerz die Stirn bieten könnten. Noch ein Wort hierzu, ehe ich zu anderem übergehe.

Ein solcher Gemütszustand zeigt, dass der Pilger sich im Grenzland zwischen dem Bekannten und dem Unbekannten befindet, aber schon entschieden dem letzteren zuneigt. Er kennzeichnet einen bestimmten Grad spirituellen Wachstums und weist auf jene Stufe hin, auf welcher die Seele auf ihrem Aufstiegsweg zwar noch unbestimmt, aber doch unmissverständlich den Schein-Charakter der materiellen Welt erkannt hat, von den groben Dingen, die sie sieht und kennt, unbefriedigt und angeekelt ist und nach Dingen verlangt, die wirklich sind, nach einem Wissen, das wesentlich ist.

Die vorstehende Erklärung wird, so hoffe ich, wenn sie auch etwas kurz und bündig und daher sehr oberflächlich ist, doch insofern befriedigen, als sie die Nützlichkeit von Vairagya* im Haushalt der Natur dartut – des Gefühles des Fehlens allen Lebens in uns selbst und in der Welt um uns. Sie zeigt, wie dieses als Prüfstein für die Festigkeit des Gemütes und die Lauterkeit des Herzens dient und wie es ein Gegengift gegen den intellektuellen Egoismus bildet – den philosophischen Fehler, das Selbst mit der Persönlichkeit zu verwechseln, die Torheit, den Versuch zu machen, die

---

* *Vairagya* - Leidenschaftslosigkeit

Seele mit grober materieller Nahrung zu ernähren. Außerdem aber zeigt sie, wie Vairagya wahren Glauben und echte Hingabe entwickelt, oder richtiger, die Tendenz hat, sie zu entwickeln sowie die höhere Vernunft und die Liebe zum Göttlichen zu erwecken.

※ ※ ※

Leben ist, das gilt für das Höchste wie für das Niederste, ein steter Wechsel zwischen Ruhe und Bewegung, zwischen Licht und Finsternis, zwischen Freude und Schmerz. Gestatte deinem Herzen darum niemals, in Verzweiflung zu versinken oder sich von irgendeiner widrigen Gedankenströmung fortreißen zu lassen. Du hast dir intellektuell bereits den Beweis verschafft, und du erfährst es nun im eigenen Erleben, was für einen schattenhaften, unwirklichen Charakter die Dinge haben, die von den Sinnesorganen oder auch selbst vom Denken wahrgenommen werden können, und von welch flüchtiger Natur alle physischen und emotionellen Genüsse sind. Bleibe darum fest auf dem Pfad, der dich zur Schau des wirklichen Lebens bringen wird, wie rau die Gefilde auch sein mögen, durch die er führt, wie bar jeder Freude die Wüsten, durch die er sich dann und wann windet. Vor allem aber habe Vertrauen in die barmherzigen Großen, in unsere weisen Meister, weihe dich mit Herz und Seele ihrem Dienste – und alles wird sich zum Guten wenden.

Alles, was nötig ist, um irgendein Laster auszumerzen, ist: 1. Eine genaue Kenntnis dieses Lasters. 2. Die Erkenntnis, das deutliche, klare Empfinden, dass es ein Laster ist, dass es töricht ist, ihm zu frönen, und dass es auch wertlos ist. 3. Der Wille, es zu »ertöten«. – Dieser Wille wird dann in die unterbewusste Sphäre dringen, in der das Laster beheimatet ist, und es langsam, aber sicher austilgen.

* * *

Wahre Ruhe des Geistes ist niemals das Ergebnis von Gleichgültigkeit oder Leichtsinn, sie kann nur aus tiefer Einsicht in höhere Weisheit erwachsen.

* * *

Ein Jünger der erhabenen Bruderschaft der Großen muss, wie gering er auch sein mag, im Ewigen leben, und sein Leben muss ein Leben universeller Liebe sein, andernfalls müsste er seine hohen Bestrebungen aufgeben. Der aktive

Dienst, den jeder Jünger für die Welt leisten muss, ist bei den verschiedenen Gruppen von Strebenden verschieden, er wird durch das besondere Wesen, den besonderen Charakter und die besonderen Fähigkeiten des Einzelnen bestimmt. Wir wissen, dass, solange noch nicht Vollkommenheit erreicht ist, die Verschiedenartigkeit bestehen bleiben muss, selbst in der Art des Dienstes, welchen ein Schüler zu leisten hat.

Es ist kaum möglich, die Bedeutung der Wahrheit in all ihren Formen und Beziehungen für die Aufwärtsentwicklung der Seele hoch genug einzuschätzen. Wir müssen die Wahrheit lieben, die Wahrheit suchen und die Wahrheit leben; nur so kann das göttliche Licht, welches höchste Wahrheit ist, von dem geistigen Forscher geschaut werden. Wo auch nur die geringste Neigung zu Falschheit in irgendeiner Form besteht, gibt es Schatten und Unwissenheit, und das Kind dieser beiden, den Schmerz. Diese Neigung zur Falschheit gehört zweifellos der niederen Persönlichkeit an. Hier ist der Ort, wo unsere Interessen aufeinander prallen, wo der Kampf ums Dasein seine volle Stärke zeigt, und wo daher Feigheit, Unredlichkeit und Betrug ihren Spielraum finden.

Die Zeichen und Symptome des Wirkens dieses niederen Selbstes können dem Menschen nicht verborgen bleiben, der die Wahrheit aufrichtig liebt, der die Wahrheit sucht und der die Hingabe an die Großen zur Grundlage für sein Verhalten gemacht hat. Wenn sein Herz nicht verstockt ist, wird er sich immer sofort dessen bewusst sein, wenn Zweifel an der Rechtschaffenheit einer bestimmten Handlung bestehen. Und dann wird der wahre Jünger sich fragen: »Wird mein Meister erfreut sein, wenn ich dies oder jenes tue?« oder »War es sein Geheiß, dass ich mich in dieser Art verhielt?« Die richtige Antwort wird dann sehr bald in ihm aufsteigen, und so wird er lernen, sein Verhalten zu bessern und seine Wünsche in Harmonie mit dem göttlichen Willen zu bringen und dadurch Weisheit und Frieden zu erlangen.

※ ※ ※

Theosophie ist nicht etwas, was jemandem, ob er will oder nicht, in Hirn und Herz eingehämmert werden kann. Sie muss allmählich, im natürlichen Laufe der Entwicklung verarbeitet und gewissermaßen wie die Luft um uns eingeatmet werden, andernfalls wird sie nur Verdauungsstörungen verursachen, um einen volkstümlichen Ausdruck zu gebrauchen.

※ ※ ※

Wenn man beginnt, das Wachstum der eigenen Seele zu fühlen, dann wird man sich einer Ruhe bewusst, die äußere Geschehnisse nicht zu berühren scheinen. Diese Ruhe ist der beste Beweis für spirituelle Entwicklung, und wer sie fühlt, wenn auch noch schwach und unbestimmt, der braucht kein Verlangen nach okkulten Erscheinungen in sich zu tragen. Vom ersten Anfang meines Noviziates an wurde ich gelehrt, mich mehr auf diese innere Ruhe zu verlassen als auf irgendwelche Erscheinungen auf der physischen, astralen oder selbst auf der spirituellen Ebene. Wenn man in sich selbst günstige Voraussetzungen geschaffen und Stärke erlangt hat, wird man umso leichter wirklichen und wesentlichen spirituellen Fortschritt machen, je weniger man von solchen Erscheinungen sieht. So geht mein bescheidener Rat dahin: Richtet eure Aufmerksamkeit stets auf das Wachstum der inneren Ruhe, aber wünscht nicht, im Einzelnen den Vorgang kennen zu lernen, durch welchen dieses Wachstum sich vollzieht. Wenn ihr geduldig, rein und hingebungsvoll seid, dann werdet ihr alles zur rechten Zeit erfahren, aber seid immer dessen eingedenk, dass aus Ergebung erfließende Zufriedenheit die Seele alles spirituellen Lebens ist.

※ ※ ※

Spiritueller Fortschritt ist nicht immer dasselbe wie Güte und Selbstaufopferung, wenn diese letzteren auch zur gegebenen Zeit zu solchem Fortschritt führen müssen.

※ ※ ※

Es ist wahr: In dem Wunsch, die Zuneigung der Menschen um uns zu gewinnen, liegt etwas Persönliches; würde es ausgeschieden werden, so würde uns dies zu Engeln machen. Aber wir müssen uns darüber klar sein, dass noch durch eine sehr lange Zeit unsere Handlungen auch weiterhin mit einem leichten Ich-Gefühl gefärbt bleiben werden. Es muss unser ständiges Bemühen sein, dieses Gefühl so weit als möglich zu ertöten; solange dieses Ich-Gefühl sich aber noch in irgendeiner Weise zeigt, ist es besser, es existiert als ein unmessbarer Faktor, der uns zu einem freundlichen, liebevollen und dem Allgemeinwohl förderlichen Verhalten hinleitet, als dass unser Herz sich verhärtet, unser Charakter versteift und das »Ich« sich in weit weniger anziehenden und freundlichen Farben zeigt. Ich will damit keineswegs sagen, dass wir nicht alle Anstrengungen machen sollten, diesen wenn auch nur mehr schwachen Makel auszumerzen; aber was ich erklären möchte ist, dass die sanften und lieblichen Gewänder, in die sich der Geist kleidet, nicht bloß deshalb ins Feuer geworfen werden sollten, weil sie nicht ganz makellos weiß sind. Wir müssen bedenken, dass alle unsere Handlungen mehr oder weniger das Resultat zweier Faktoren sind – des Wunsches nach Befriedigung für uns selbst, und des Wunsches, der Welt zu nützen. Unser beständiges Streben sollte dahin gehen, den ersten Faktor so weit als möglich zu verkleinern – ganz ausgeschaltet kann er nicht werden, solange der Keim des Persönlichen nicht aufgehört hat zu existieren. Die Mittel, diesen Keim zu vernichten, lernt der Schüler im Laufe seines Fortschreitens kennen, es sind Hingabe und gute Taten.

※ ※ ※

Die Meister sind jenen ihrer Diener, die in vollkommener Selbstverleugnung sich selbst, Körper, Verstand und Seele, ihrem Dienst geweiht haben, immer nahe. Und wer zu einem solchen Diener auch nur ein freundliches Wort spricht, bleibt nicht ohne Dank. In Zeiten schwerer Prüfungen lassen die Meister, einem sehr gütigen Gesetze folgend, den Jünger seinen Kampf ohne Hilfe von ihrer Seite ausfechten; aber wenn irgendein anderer den Jünger ermutigt, standhaft zu bleiben, so wird er ohne Zweifel belohnt.

※ ※ ※

Wenn er ruhig und leidenschaftslos bleibt, dann besteht kein Zweifel, dass der Jünger im Laufe der Zeit mehr und mehr in den Einfluss dessen gerät, was das eigentliche Wesen allen Lebens ist, und eines Tages wird er überrascht sein zu finden, dass er wunderbar gewachsen ist, ohne von dem Vorgang des Wachstums etwas gewusst und wahrgenommen zu haben. Denn es ist wahrhaftig so, dass die Seele in ihrem eigentlichen Erblühen »unbewusst, wie eine Blume« wächst und dadurch an Schönheit und Duft zunimmt, dass sie den Sonnenschein des Geistes in sich einströmen lässt.

Kämpferische Treue für eine Person oder Sache ist bei einem Jünger kaum etwas Lobenswertes, und sie ist bestimmt kein Zeichen spirituellen Fortschrittes.

Der erste Schritt hat in fast jedem Fall die Wirkung, in ein Wespennest zu stechen. Alle einzelnen Posten deines schlechten Karmas drängen sich sofort um dich; jemanden, der nicht auf so festen Füßen steht, würde dies unsicher und schwindlig werden lassen. Aber wer entschlossen ist, wenn nötig, ohne auf sich zu achten, sein Leben für andere zu opfern, braucht nichts zu fürchten. Gerade die Erschütterungen in dem Auf und Nieder dieses Wirbels von Leiden und Prüfungen geben ihm Kraft und Zuversicht und erzwingen das Wachstum der Seele.

※ ※ ※

Vergiss nie, dass das Leiden, welches ein Jünger erdulden muss, ein notwendiger Teil seiner Schulung ist – es erfließt aus seinem Wunsch, das Persönliche in sich zu zerbrechen. Am Ende wird er finden, dass seine Seele nach dem Sturm, dem sie Trotz geboten hat, umso bezaubernder blüht, und dass die Liebe und das Wohlwollen seines Meisters ihn für das, was er erlitten und geopfert hat, mehr als entschädigen. Es sind nur Prüfungen für den Augenblick, am Ende wird er erkennen, dass er in Wirklichkeit nichts geopfert und alles gewonnen hat.

Die Liebe auf der höchsten Ebene thront ausschließlich auf den ruhevoll heiteren Höhen der Freude, und nichts kann auf das erhabene Strahlen ihrer weißen Firne einen Schatten werfen.

Mitleid und Mitgefühl sind die Empfindungen, welche allen irrenden Menschen gegenüber gepflegt werden sollten, und wir dürfen keinen anderen Gefühlen Raum geben, weder Ärger, noch Übelnehmen, noch Beunruhigung. Solche Gefühle könnten nicht nur uns selbst verletzen, sondern auch jene, denen wir sie zusenden, die wir aber gerne gebessert und von allen Fehlern befreit sehen würden. Wenn wir spirituell wachsen, nehmen unsere Gedanken unglaublich an dynamischer Kraft zu, und nur wer es selbst erfahren hat, weiß, wie selbst ein bloß flüchtiger Gedanke eines Eingeweihten stets objektive Gestalt annimmt.

Es ist wunderbar, wie die Mächte der Dunkelheit sozusagen mit einem einzigen Windstoß scheinbar die reichsten geistigen Schätze hinwegfegen können, die man in jahrelangem Studium und jahrelangen Erfahrungen mit Mühe und

Schmerzen angesammelt hat. Es ist deshalb wunderbar, weil es nur eine Täuschung ist, die sofort als solche erkannt wird, sobald der Friede wiederhergestellt ist und das Licht wieder zu leuchten beginnt. Dann sieht man, dass man nichts verloren hat, dass alle Schätze, die man hatte, noch da sind, und dass Sturm und Verlust nur eine Chimäre waren.

※ ※ ※

Wie herzzerreißend der Ausblick zu irgendeinem Zeitpunkt auch sein mag, wie düster und traurig die Lage, wir dürfen nicht einen Augenblick der Verzweiflung Raum geben, denn Verzweiflung schwächt uns und macht uns unfähiger, unseren Meistern zu dienen.

Haltet es für gewiss, dass die Herren des Mitleides immer über ihren wahren Jüngern wachen und es niemals gestatten, dass ehrliche Herzen und ernste Sucher nach dem Licht durch längere Zeit getäuscht werden. Die Herren der Weisheit fügen es so, dass auch zeitweilige Rückschläge zu Lektionen werden, die den Jüngern während ihres ganzen restlichen Lebens zum Nutzen gereichen.

Es ist nur unsere Unwissenheit und Blindheit, was unserer Arbeit den Anschein des Sonderbaren und Unverständlichen gibt. Wenn wir dazu gelangen, die Dinge in ihrem wahren Licht und in ihrer vollen und tieferen Bedeutung zu sehen, dann wird alles vollkommen richtig und schön erscheinen und als vollkommenster Ausdruck der höchsten Vernunft.

※ ※ ※

Dass es in der Ordnung des geoffenbarten Seins auch nicht das kleinste Maß mehr an Schmerz und Elend gibt, als für die Ziele der höchsten Entfaltung unbedingt notwendig ist, folgt unmittelbar aus dem Gesetz der Gerechtigkeit und des Mitleides, aus dem Gesetz von Karma und der moralischen Lenkung des Universums. Und dass jede Tat der Selbstaufopferung von Seiten der sich entfaltenden menschlichen Monaden die Hände der Meister kräftigt und sozusagen den Mächten des Guten eine Verstärkung bringt, wird auch alsbald klar werden, noch ehe unser jetziges Leben der Vergangenheit angehört – zumindest für den größeren Teil der gegenwärtigen Menschheit.

Es würde uns nicht viel nützen, wenn wir im Einzelnen wüssten, was uns bevorsteht. Denn wir sollen uns nicht um Wirkungen kümmern; worauf wir zu achten haben, ist allein, dass wir unsere Pflicht tun. Solange wir den Pfad klar vor uns sehen, ist es von wenig Bedeutung, was sich aus den einzelnen Schritten ergibt, die wir auf der äußeren Ebene tun. Das innere Leben ist das wirkliche Leben, und wenn wir festes Vertrauen in unsere Meister haben, sollten wir nicht daran zweifeln, dass innerlich alles gut geht, wie immer es in dieser äußeren Sphäre der Täuschungen auch erscheinen mag, und dass die Welt auf ihrer

Entwicklungsbahn sicher fortschreitet. In diesem Gedanken liegt hinreichend Trost und Segen, der genügt, uns die Kraft zur Erfüllung unserer augenblicklichen Pflichten zu geben und uns zu weiterer Tätigkeit und härterer Arbeit anzuspornen.

※ ※ ※

Es besteht ein großer Unterschied zwischen einem Menschen, der weiß, was das spirituelle Leben in Wirklichkeit ist, und einem, der nur davon schwatzt, es aber selbst nicht erfahren hat, der wohl danach strebt und danach zu greifen versucht, aber seinen duftenden Hauch noch nicht einzuatmen, seine zarte Berührung noch nicht zu fühlen vermag.

※ ※ ※

Die Weisheit jener, die über uns wachen, ist weit umfassender, als wir zu ahnen vermögen, und wenn wir unser Vertrauen fest darauf setzen, werden wir in keine Fehler verfallen und können sicher sein, viele nutzlose oder sogar viele schädliche Sorgen zu vermeiden. Denn nicht wenige unserer Fehler sind auf ein Übermaß an Sorge und Furcht zurückzuführen, auf überspannte Nerven und selbst auf übermäßigen Eifer.

※ ※ ※

Ihr könnt nun sehen, dass rückhaltlose Hingebung ein mächtiger Faktor in der Förderung der Entwicklung der Seele ist, wenn es auch nicht gleich sichtbar oder erkennbar ist, und ihr werdet mich nicht dafür tadeln, dass ich euch empfohlen habe, alle Wünsche nach Erscheinungen und spirituellem Wissen, nach psychischen Fähigkeiten und abnormalen Erfahrungen beiseite zu stellen. Denn in dem klaren Sonnenlicht des Friedens öffnet sich jede Seelenblüte lächelnd und reich in der ihr eigentümlichen Färbung, und dann blickt eines Tages der Jünger mit Staunen auf die Schönheit und den wunderbaren Duft all dieser Blüten. Er ist voll Freude, und in seiner Freude erkennt er, dass alle Schönheit von dem Herrn kommt, dem er gedient hat. Das Wachstum der Seele ist nicht jenes abgedroschene, abscheuliche Ding, welches die Pfuscher im Pseudo-Okkultismus dafür halten, es ist etwas Geheimnisvolles – so lieblich und fein, dass niemand davon zu sprechen vermag – nur durch Dienen kann es erkannt werden.

※ ※ ※

Du hast ein paar Tropfen der himmlischen Wasser des Friedens genossen und dadurch Kraft gefunden. Wisse nun für alle Zeiten, dass wahre Erkenntnis in der Ruhe der Seele wurzelt und dass aus der göttlichen Ruhe Kraft ins Herz strömt. Das wahre spirituelle Leben besteht daher einzig in der Erfahrung himmlischen Friedens und himmlischer Freude, und nur ein Wachstum des inneren Friedens bedeutet ein wahres Wachstum der Seele. Abnormale Erscheinungen mit den physischen Sinnen wahrzunehmen, kann nur Neugier erwecken, aber kein Wachstum bewirken. Hingebung und Frieden bauen die Atmosphäre auf, in der die Seele lebt, und je mehr du davon hast, desto mehr Leben wird deine Seele besitzen. Verlasse dich daher stets auf die Erfahrungen deines höheren Selbstes, sowohl als Beweis für deinen eigenen Fortschritt als auch als Beweis für die Wirklichkeit der spirituellen Welt, und miss physischen Erscheinungen, die niemals eine Quelle von Kraft und Trost sein können, keinerlei Bedeutung bei.

* * *

Die bescheidenen und hingebungsvollen Diener der Meister bilden in der Tat eine Kette, durch die jedes Glied mit den barmherzigen Großen verbunden ist. Von der Festigkeit, mit der jedes Glied mit dem nächst höheren verbunden ist, hängt darum die Stärke der Kette ab, die uns ständig zu den Großen emporzieht. Man sollte darum nie der so verbreiteten Täuschung verfallen, die Liebe, die so sehr am Göttlichen Anteil hat, sei eine Schwäche. Selbst gewöhnliche Liebe stellt, wenn sie echt, tief und selbstlos ist, die höchste und reinste Offenbarung des höheren Selbstes dar. Nur wer sie beständig und mit dem Wunsch, sich selbst zu opfern, pflegt, den bringt sie am Ende zu einer klareren Verwirklichung der spirituellen Welt als irgendein anderes menschliches Fühlen oder Tun. Wieviel mehr gilt das darum von einer Liebe, die das gemeinsame Streben, zum Throne

Gottes zu gelangen, zur Grundlage hat, das gemeinsame Gebet, für die unwissende und irrende Menschheit Leiden auf sich zu nehmen, und das wechselseitige Gelöbnis, das eigene Glück und die eigene Freude hinzugeben, um besser jenen dienen zu können, die durch ihre Segnungen unentwegt an jenem Bollwerk bauen, welches das schutzlose Waisenkind Menschheit vor den furchtbaren Kräften des Bösen behütet. Aber die Gedanken und Vorstellungen der Welt sind alle durch die Selbstsucht und Niedrigkeit der menschlichen Natur verzerrt. Wenn Liebe Schwäche sein soll, dann weiß ich nicht, wo es Stärke gibt. Wirkliche Stärke liegt nicht in Streit und Widerspruch, sondern sie ruht allmächtig in der Liebe und im inneren Frieden. Darum muss der Mensch, dem daran liegt, wirklich zu leben und zu wachsen, immer lieben und um der Liebe willen leiden.

※ ※ ※

Wann hat die Welt, verblendet in ihrem Unwissen und Eigendünkel, je ihren wirklichen Erlösern und ergebenen Dienern volle Gerechtigkeit widerfahren lassen? Es muss genügen, dass man selbst sieht, und dass man, weil man sieht, danach trachtet, die Täuschungen und den Irrtum, in dem die Menschen in der unmittelbaren Umgebung leben, so weit als möglich zu zerstreuen. Der Wunsch, dass jeder Augen haben sollte, um zu sehen und die Kraft zu erkennen, die ihn erneuert, muss so lange unerfüllt bleiben, bis die Finsternis, die gegenwärtig wie ein Leichentuch alles bedeckt und die spirituelle Schau verdunkelt, vollkommen vertrieben sein wird.

FRIEDE ALLEN WESEN!

THEOSOPHIE

Helena P. Blavatsky
Die Stimme der Stille
Dieser kostbare kleine Band enthält das Vorwort des Dalai Lama und die Texte der drei Fragmente. Ein ideales Geschenkbändchen, das sich auch als tägliche Meditationshilfe eignet.
ISBN: 978-3-89427-201-6

Annie Besant
Unsichtbare Sphären
Ein inspirierendes Werk großer Weisheit, das Zeugnis ablegt für die wundervolle Zukunft, die vor jenen liegt, die auf dem Geistigen Pfad dem LICHT entgegenstreben!
ISBN: 978-3-89427-672-0

A. Besant / C. W. Leadbeater
Licht auf den Pfad

Einer der großen Weisen Asiens schrieb einmal zu Mabel Collins Meisterwerk „Licht auf den Pfad", die Menschheit sei gerade erst im Begriff, die Anfänge der Geistestiefe dieses Buches zu entschlüsseln!
Annie Besant und Charles W. Leadbeater haben sich der Herausforderung gestellt und versucht, einen weiteren Schlüssel zum Verständnis von „Licht auf den Pfad" zu erarbeiten. Entstanden ist ein einzigartiges Buch, das wie nur wenige andere die Herausforderungen und die Schwierigkeiten des Geistigen Pfades schildert, aber auch die unbeschreibliche Herrlichkeit, die den geistigen Sucher am Ende des Weges erwartet.

Dieser tiefgründige und inspirierende Kommentar ist eines jener Bücher, das den ernsthaft Suchenden ein Leben lang begleiten und ihm Jahr für Jahr neue Einsichten und Erkenntnisse schenken wird.

ISBN: 978-3-89427-638-6